FOTOGRAFÍAS: portada y páginas 6, 7 parte inferior, 12 a la derecha, 16, 18, 24, 28 parte inferior y 29: Roger Vlitos; páginas 4-5, 8, 13 y 14: Eye Ubiquitous; páginas 7 parte superior y 19: Panos Pictures; páginas 9 parte superior, 10-11, 11 a la derecha y 23 a la izquierda: Science Photo Library; página 9 parte inferior: Spectrum Colour Library; páginas 11 a la izquierda y 23 a la derecha: The Hutchison Library; páginas 12 a la izquierda y 30: Natural History Photographic Agency; Páginas 20 y 22-23: Frank Spooner Pictures; página 28 parte superior: The J. Allan Cash Photo Library.

Colección coordinada por **Paz Barroso**

Primera edición: febrero 1993
Segunda edición: noviembre 1994
Tercera edición: febrero 1995

Traducción del inglés: *Pedro Barbadillo*
Título original: *Recycling*

© Aladdin Books Ltd., 1992
© Ediciones SM, 1993
   Joaquín Turina, 39 - 28044 Madrid

El autor, **Jo Gordon,** dirige el equipo de Waste Watch, la agencia nacional del Reino Unido encargada de promocionar el reciclaje de residuos.

Asesores: **Jacky Karas** trabaja en la actualidad para Friends of the Earth y también de forma autónoma como asesora de medio ambiente. Ha sido investigadora en el Departamento de Investigación del Clima de la Universidad de East Anglia, Gran Bretaña.
Rob Stephenson trabaja en el Proyecto de Investigación Escolar del grupo británico Tidy.

Comercializa: CESMA, SA - Aguacate, 43 - 28044 Madrid

ISBN: 84-348-3988-1
Depósito legal: M-3573-1995
Fotocomposición: Grafilia, SL
Impreso en España/Printed in Spain
Melsa - Ctra. de Fuenlabrada a Pinto, km 21,8 - Pinto (Madrid)

> No está permitida la reproducción total o parcial de este libro, ni su tratamiento informático, ni la transmisión de ninguna forma o por cualquier medio, ya sea electrónico, mecánico, por fotocopia, por registro u otros métodos, sin el permiso previo y por escrito de los titulares del *copyright*.

ECOLECCIÓN TIERRAVIVA

RECICLAR

Jo Gordon

Asesores: Jacky Karas y Rob Stephenson

ediciones **sm** Joaquín Turina 39 28044 Madrid

ÍNDICE

¿QUÉ ES RECICLAR?
6

ECONOMIZAR RECURSOS
8

AYUDAR AL MEDIO AMBIENTE
10

EL PROBLEMA DE LOS RESIDUOS
12

RECICLAR EN CASA
14

¿CÓMO FUNCIONA?
16

EL COMPOSTAJE
18

LOS RESIDUOS INDUSTRIALES
20

ENERGÍA Y RECICLAJE
22

EL RECICLAJE, HOY
24

¿QUÉ PUEDES HACER TÚ?
26

FICHAS DE SÍNTESIS
28

VOCABULARIO
31

ÍNDICE ALFABÉTICO
32

INTRODUCCIÓN

Todos queremos contribuir a solucionar los problemas que afectan a nuestro medio ambiente, pero a veces es difícil saber por dónde empezar. Una aportación importante consiste en no tirar a la basura materiales como el vidrio, las latas, el papel, la ropa y los plásticos. Esto es algo que todos podemos hacer a diario en nuestras casas. Cuando estos materiales se reciclan, es decir, se usan de nuevo para fabricar el mismo objeto o se transforman para hacer otro nuevo, ahorramos energía, reducimos la contaminación, ayudamos a preservar valiosos recursos naturales, muchos de los cuales son escasos, y disminuimos la cantidad de **residuos** de los que nos tenemos que deshacer.

En las sociedades industriales se fabrican los bienes de consumo a un ritmo muy rápido. La gente compra coches, neveras o cocinas nuevos y mejores y desecha los viejos. Estos objetos desechados están hechos de materiales valiosos que pueden ser utilizados de nuevo.

La industria genera millones de toneladas de residuos al año. Muchos de estos residuos son materiales reciclables, como el papel, la ceniza, los metales y el plástico. Aunque muchas industrias ya reciclan parte de sus residuos, esto tiene que hacerse a una escala mucho mayor.

Los gobiernos de todo el mundo reconocen que reciclar es una forma racional de aprovechar recursos que, de otro modo, acaban en los **vertederos.** En muchos países existen ya programas de **reciclaje** a gran escala. Como cada vez se hace más difícil encontrar la forma de deshacerse de los residuos que producimos, es lógico que reciclemos y reutilicemos todo lo que podamos.

Las palabras señaladas **en negrita** aparecen explicadas en el vocabulario que hay al final del libro.

◄ Hasta el 60% de los residuos que producimos en nuestros hogares y jardines podría reutilizarse o reciclarse para producir objetos nuevos. En los países del Tercer Mundo se reutiliza todo lo posible. En esta foto, tomada en Bangladesh, vemos a dos personas separando el papel que se puede volver a aprovechar.

¿QUÉ ES RECICLAR?

Reciclar es volver a utilizar objetos, bien con el mismo fin o bien para transformarlos en otros nuevos. Una de las mejores formas de reciclar vidrio, por ejemplo, es emplear botellas de cascos retornables, como las de algunas cervezas y refrescos, que pueden volver a emplearse más de 20 veces. Los cascos viejos de vidrio también pueden fundirse para fabricar botellas y recipientes nuevos.

Reciclar no es una idea nueva. En la naturaleza, muchas cosas se reciclan una y otra vez. Antiguamente se hacían las cosas para que duraran, y la gente las reparaba y las volvía a usar en lugar de tirarlas. Los coches, las lavadoras, los frigoríficos, los muebles, las cocinas y otros muchos objetos pueden reciclarse. El acero utilizado para fabricar un Rolls-Royce, por ejemplo, puede provenir de una lavadora vieja.

En algunos países, como Estados Unidos, y en algunas ciudades, como Londres, se han iniciado programas de reciclaje obligatorio para garantizar que no se tiren objetos que se pueden reciclar.

▼ En la naturaleza, los elementos se reciclan sin producir residuos. Las plantas toman, durante el día, el dióxido de carbono que exhalan los animales. Cuando los animales y las plantas se descomponen, proporcionan nutrientes al suelo. Parte del carbono de los residuos constituye, con el transcurso de millones de años, la base del carbón, el petróleo y el gas natural, que, al quemarse, desprenden dióxido de carbono.

▼ Se han encontrado barcos fenicios, de la época de la Grecia clásica, cargados con trozos de vidrio rotos que se recogían para fabricar nuevos objetos de vidrio.

Combustibles

Carbono almacenado en forma de combustibles fósiles, como, por ejemplo, el carbón y el petróleo.

▶ Reciclar no es nuevo. Esta fotografía muestra cómo se funden unos recipientes para efectuar reparaciones.

EL CICLO DEL CARBONO

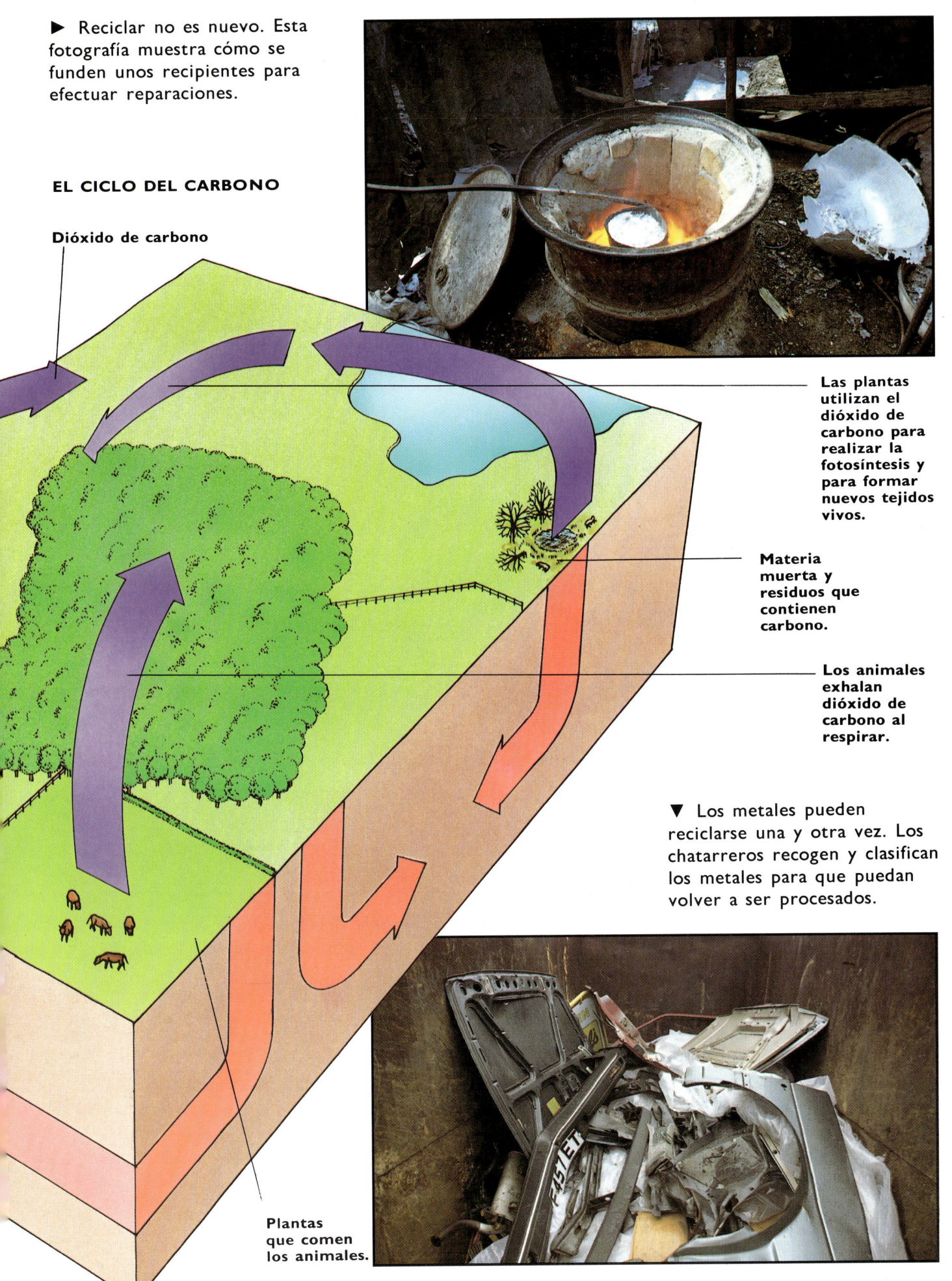

Dióxido de carbono

Las plantas utilizan el dióxido de carbono para realizar la fotosíntesis y para formar nuevos tejidos vivos.

Materia muerta y residuos que contienen carbono.

Los animales exhalan dióxido de carbono al respirar.

▼ Los metales pueden reciclarse una y otra vez. Los chatarreros recogen y clasifican los metales para que puedan volver a ser procesados.

Plantas que comen los animales.

ECONOMIZAR RECURSOS

La fabricación de objetos a partir de **productos reciclados** ahorra combustible; además, evita que se despilfarren recursos valiosos. Muchas de las cosas que utilizamos en nuestras casas están fabricadas a partir del petróleo o el gas natural, que son recursos no renovables. Esto significa que sólo disponemos de una cantidad limitada de ellos y que finalmente terminarán por agotarse. Muchas cosas, entre ellas los **plásticos**, el nilón y algunos **fertilizantes**, están fabricadas a partir del petróleo y el gas natural.

Cuando se fabrican objetos nuevos con el material de los objetos reciclados, se necesita menos energía. Ésta se obtiene, principalmente, de la combustión del carbón, el petróleo y el gas natural. Por ejemplo, si se fabrican latas de aluminio nuevas a partir de latas usadas, se puede reducir el consumo de energía hasta en un 95%. Cada tonelada de vidrio fabricada a partir de vidrio reciclado ahorra 135 litros de petróleo. La producción de papel reciclado requiere la mitad de la energía que se emplea en la producción de papel hecho a partir de pasta de madera.

▼ Las plataformas de extracción de petróleo ya no serán necesarias cuando se agoten las reservas petrolíferas. Si continuamos gastando petróleo al ritmo actual, se agotará dentro de unos treinta años. El reciclaje de los productos obtenidos a partir del petróleo y el gas natural puede economizar este recurso no renovable y ahorrar energía.

Este yacimiento de caolín, en Trethosa, y estos pozos de extracción de petróleo, en Ecuador (recuadro), muestran los daños medioambientales que origina la extracción de materias primas. La explotación de las minas también daña los hábitats, ya que afecta a la vida de las plantas y los animales y envenena el suelo, el agua y el aire. Si estos recursos se reciclan, no será necesario extraer tantas toneladas de minerales y esto permitirá que duren más las reservas existentes. Gracias al reciclaje, también se puede reducir la destrucción de hábitats vitales con una fauna y una flora valiosas.

AYUDAR AL MEDIO AMBIENTE

Reciclar contribuye a disminuir la contaminación y los residuos. Si tenemos que deshacernos de menos residuos, no necesitaremos tantos vertederos ni plantas incineradoras. Y una menor demanda de materias primas implica que se destruirán menos hábitats debido a las explotaciones mineras y que, además, no habrá necesidad de extraer tantos combustibles ni otros recursos valiosos. La fabricación de objetos nuevos a partir de productos desechados reduce la contaminación del aire y el agua. Se estima que si se empléase solamente papel recuperado, se podría reducir la contaminación del agua hasta en un 35% y la del aire hasta en un 74%. Esto es importante, pues en la fabricación de papel se libera dióxido de carbono a la atmósfera. Este gas es una de las causas principales de la **lluvia ácida.** La fabricación de papel a partir de papel reciclado no evitará que se sigan talando árboles, ya que se plantan muchos específicamente para fabricar papel, pero puede contribuir a que no se planten coníferas, por ejemplo, en zonas donde producen daños. Las coníferas acidifican el suelo, y los herbicidas y pesticidas utilizados para proteger los árboles dañan otras plantas.

▶ Para fabricar papel se plantan árboles de crecimiento rápido, como estos eucaliptos. Los árboles no son dañinos en sí mismos, pero como se cultivan en lugares donde normalmente no se encontrarían, trastornan el equilibrio ecológico de ese hábitat. Los eucaliptos acidifican el suelo, destruyendo plantas autóctonas y dificultando el desarrollo de otros cultivos.

▲ La bauxita, mineral del que se obtiene el aluminio, se extrae en zonas con bosques tropicales, un hábitat en el que hay muchos recursos y que está amenazado. Este lago contaminado por bauxita, en Jamaica, es una muestra de los daños que puede producir la explotación de este mineral.

▲ Cuando se produce acero, se libera a la atmósfera una gran cantidad de dióxido de carbono. La recogida —y reciclado— de chatarra constituye hoy una enorme industria en sí misma. No sólo se requiere menos energía para volver a fabricar acero, sino que reduce la contaminación atmosférica y libra al medio ambiente de residuos metálicos oxidados.

EL PROBLEMA DE LOS RESIDUOS

Cada año aumenta la cantidad de residuos domésticos, especialmente en los países desarrollados. Al mismo tiempo, cada vez es más difícil deshacerse de ellos.

La mayor parte de estos residuos se arroja en los vertederos, otra parte se quema en plantas incineradoras y una porción relativamente pequeña se reutiliza o se recicla. La cantidad de residuos domésticos está aumentando porque utilizamos cada vez más productos desechables, tales como vasos, cubiertos y recipientes de plástico, pañuelos de papel, pañales de celulosa, maquinillas de afeitar, etc. Las personas que viven en la sociedad de consumo también tienden a deshacerse de las cosas, no porque estén estropeadas, sino porque ya están pasadas de moda. Además, algunos aparatos se fabrican para que tengan que ser reemplazados cada cierto tiempo.

Muchos objetos que han sido arrojados a los vertederos de basura son valiosos y puede que, en el futuro, haya que recuperarlos.

▶ La mayor parte de nuestros residuos van a parar a los vertederos, que suelen ser unas grandes cavidades practicadas en el suelo. A medida que se llenan, se hace más difícil encontrar otros emplazamientos para este fin, ya que nadie quiere vivir cerca de un vertedero de basura debido a los problemas de contaminación así como de producción de gas metano que originan.

▲ La basura de las calles es antiestética y cara de recoger.

◀ La mayor parte de los residuos sólidos se arroja en los vertederos. Éstos atraen aves, ratas y otros animales, lo que constituye un riesgo para la salud.

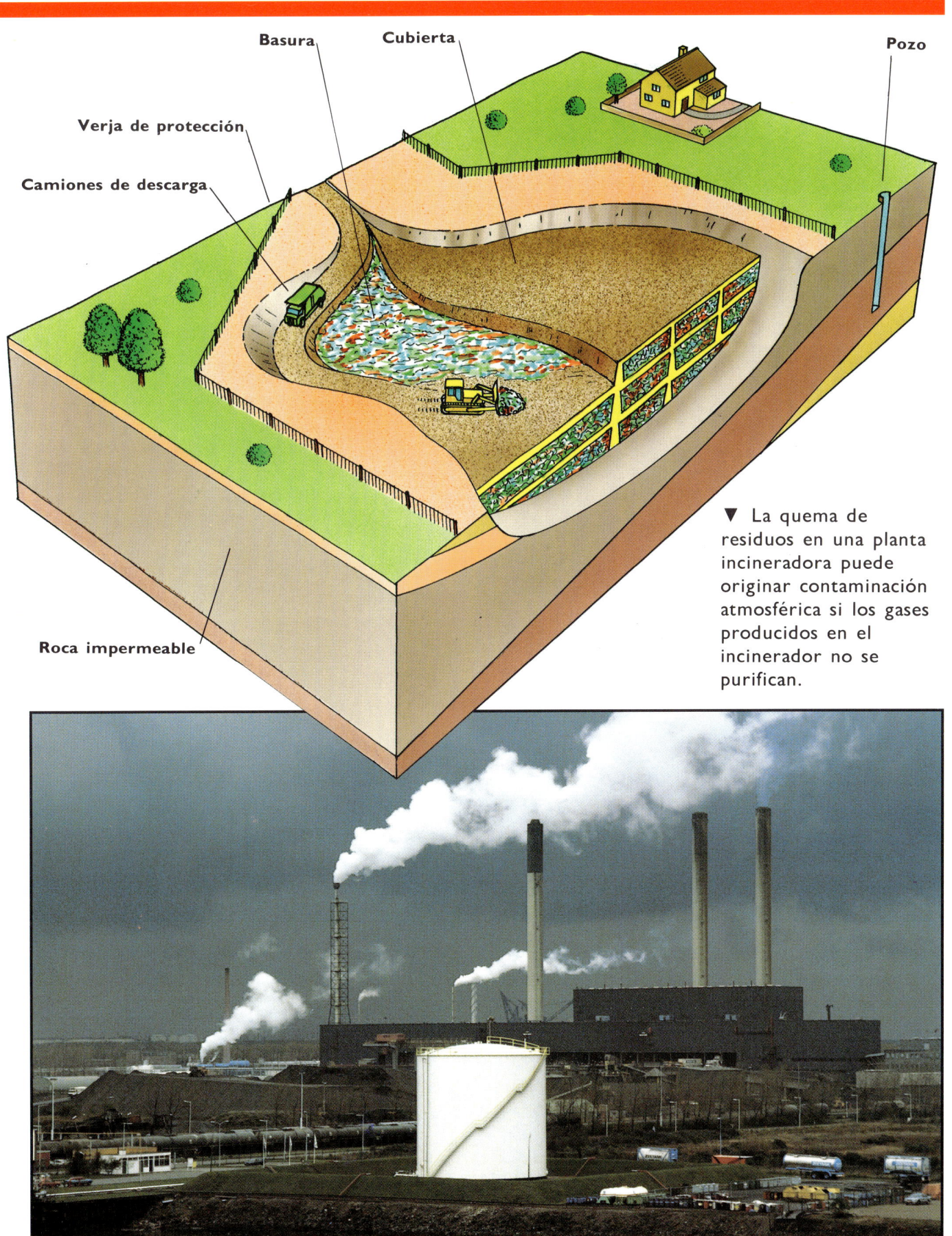

▼ La quema de residuos en una planta incineradora puede originar contaminación atmosférica si los gases producidos en el incinerador no se purifican.

RECICLAR EN CASA

Aproximadamente un 80% de la basura que arrojamos en nuestras casas puede ser, en teoría, reciclado. Esto supondría un ahorro significativo de materias primas y energía. Pero dada la contaminación de esa basura, sólo un 60% por ciento de ella está lo suficientemente limpia como para que se pueda aprovechar. Así que, si reciclamos, podemos reducir aproximadamente a la mitad la cantidad de residuos que producimos. Sin embargo, lo que somos capaces de reciclar depende de los sistemas de recolección disponibles en cada lugar. Los contenedores de vidrio constituyen el sistema de recogida más conocido y más asequible en Europa.

En algunas ciudades de España, el Reino Unido, EEUU, Canadá y Alemania hay sistemas de **recogida selectiva** de basura a domicilio. Este sistema implica que los usuarios arrojan sus residuos reciclables en contenedores diferentes o en cubos divididos en compartimientos. En otras partes, la gente guarda los productos reciclables en sus hogares y luego los lleva a un centro de recogida selectiva de basura, que dispone de contenedores para diferentes artículos.

▼ Si almacenas en casa productos para luego llevarlos a un centro de recogida selectiva de basura, procura hacerlo cuando pases por delante de ese lugar por otros motivos; por ejemplo, cuando vayas al supermercado o al colegio. De otra forma, si vas en coche, podrías consumir más energía y contaminar más de lo que estás ahorrando con el reciclado.

Cada persona en España produce una media de 0,7 kg al día de residuos sólidos. Eso significa que una familia media, de cuatro personas, arroja al año más de una tonelada de basura. Esto equivale a dos árboles en lo que se refiere al papel, 95 kg de latas de comida y bebida, 4.000 pesetas de ropa, 250 botellas y latas y 45 kg de plásticos. El papel, el cartón, el vidrio, el plástico, los textiles y los residuos orgánicos pueden reutilizarse o reciclarse, reduciendo así la cantidad de basura que se tira a los vertederos.

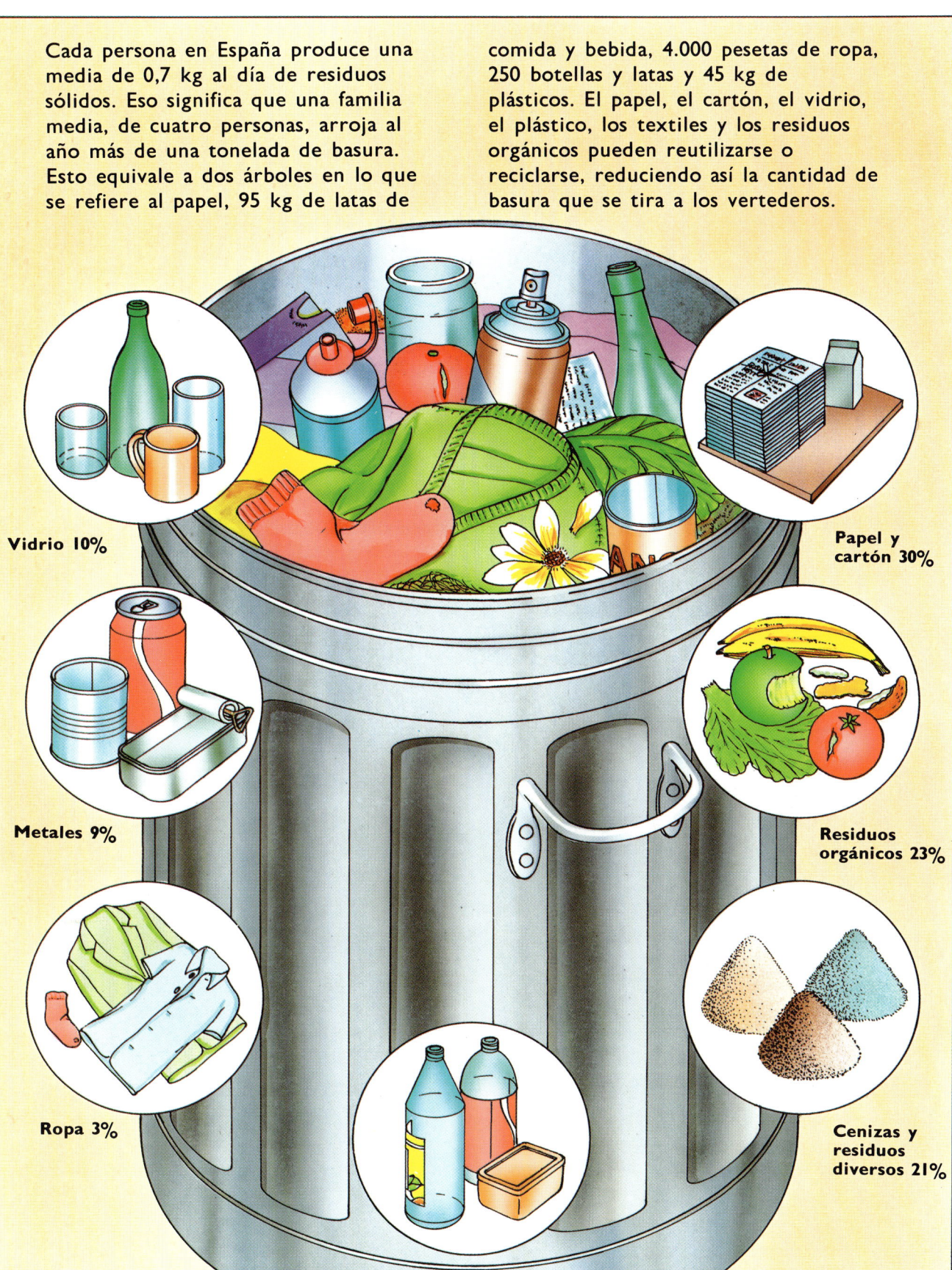

Vidrio 10%

Papel y cartón 30%

Metales 9%

Residuos orgánicos 23%

Ropa 3%

Cenizas y residuos diversos 21%

Plásticos 4%

¿CÓMO FUNCIONA?

Los productos reciclables se recogen en los hogares o en los centros de recogida selectiva y, si ya están clasificados, se transportan directamente a la planta de tratamiento. Si no están clasificados, se realiza primero esta labor. A continuación se limpia el material y se elimina toda clase de contaminantes. El vidrio se funde para fabricar nuevas botellas y tarros, que pueden ser de tres colores: verde, marrón y transparente. Para evitar problemas, antes de proceder a su fundición, se separa el vidrio por colores. Las latas de aluminio se prensan y, a continuación, se funden para fabricar nuevas latas para bebidas. Las latas de conservas se tratan para eliminar la delgada capa de hojalata, y tanto la hojalata como el acero pueden utilizarse de nuevo.

Los periódicos y las revistas pueden reducirse a pasta, que se emplea para fabricar nuevos periódicos u otros productos, como el cartón. El papel usado de más calidad puede aprovecharse como materia prima para fabricar papel para las imprentas y de escritorio.

Los plásticos pueden utilizarse mezclados o clasificados en diferentes tipos para transformarlos luego en nuevos productos.

▼ Sólo una cuarta parte, aproximadamente, del papel y el cartón producidos anualmente en el mundo se fabrica a partir de papel recuperado. El reciclaje de papel contribuye a reducir los problemas de evacuación de residuos y disminuye la contaminación del agua y el consumo de combustible, si se compara con la fabricación de papel a partir de la madera. Hay muchas posibilidades de aumentar el reciclaje de papel, pero eso sólo será posible si la industria papelera invierte más en este sistema.

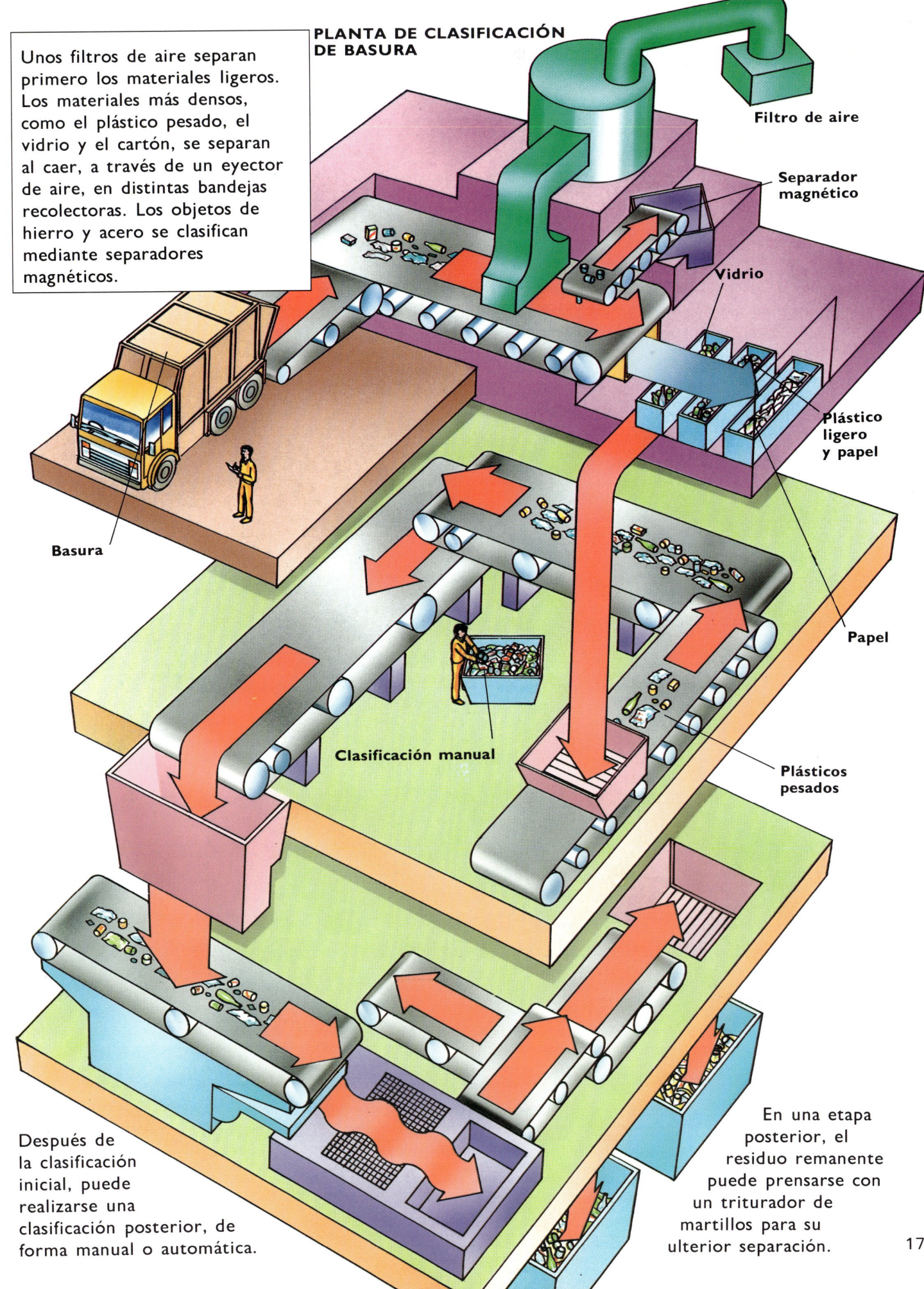

EL COMPOSTAJE

Los residuos orgánicos provenientes de la cocina y el jardín suponen, aproximadamente, un 25% del contenido de las basuras domésticas. Este residuo, si se transforma convenientemente en **compost (fertilizante orgánico refinado),** constituye una importante fuente de nutrientes para las plantas, mejora las cualidades del suelo, mantiene su humedad y protege las plantas de las heladas. Si tienes un jardín o una parcela, vale la pena preparar una pila de compost o, si el espacio es limitado, una vasija especial de fondo plano. La transformación de estas basuras en fertilizante orgánico ahorra dinero, ya que no es necesario emplear abonos caros, potencialmente dañinos, y constituyen una alternativa a la turba. La extracción de la turba para emplearla como abono está destruyendo hábitats importantes e irreemplazables.

En algunos países, como EEUU y Alemania, se está llevando a cabo la recogida selectiva del estiércol procedente de los corrales y se está investigando sobre cómo realizar el compostaje a gran escala. Los gases que se producen en la fermentación de los residuos también se pueden aprovechar para generar electricidad.

▼ Se dice que un cultivo es orgánico cuando no se utilizan fertilizantes ni pesticidas artificiales. De esa forma no se suministran sustancias dañinas al suelo. El abono natural proporciona el alimento necesario a las plantas, y las semillas se preservan cubriéndolas con una mezcla de paja y estiércol. Los parásitos dañinos se controlan utilizando métodos naturales (como, por ejemplo, introduciendo mariquitas, que se comen a los pulgones), y así se evita emplear productos químicos nocivos.

El compostaje no es difícil. El abono puede fabricarse todo el año, aunque los microbios de la pila son más activos entre abril y septiembre. Se pueden introducir en la pila restos de verduras, frutas y residuos provenientes del jardín.

El compost debe mantenerse húmedo, hay que voltearlo de vez en cuando para permitir que se oxigene y cubrir la pila para que mantenga el calor.

El compost debe contener una mezcla de productos de alto contenido en nitrógeno y carbono. Una buena mezcla permite que los microorganismos y bacterias transformen la materia orgánica.

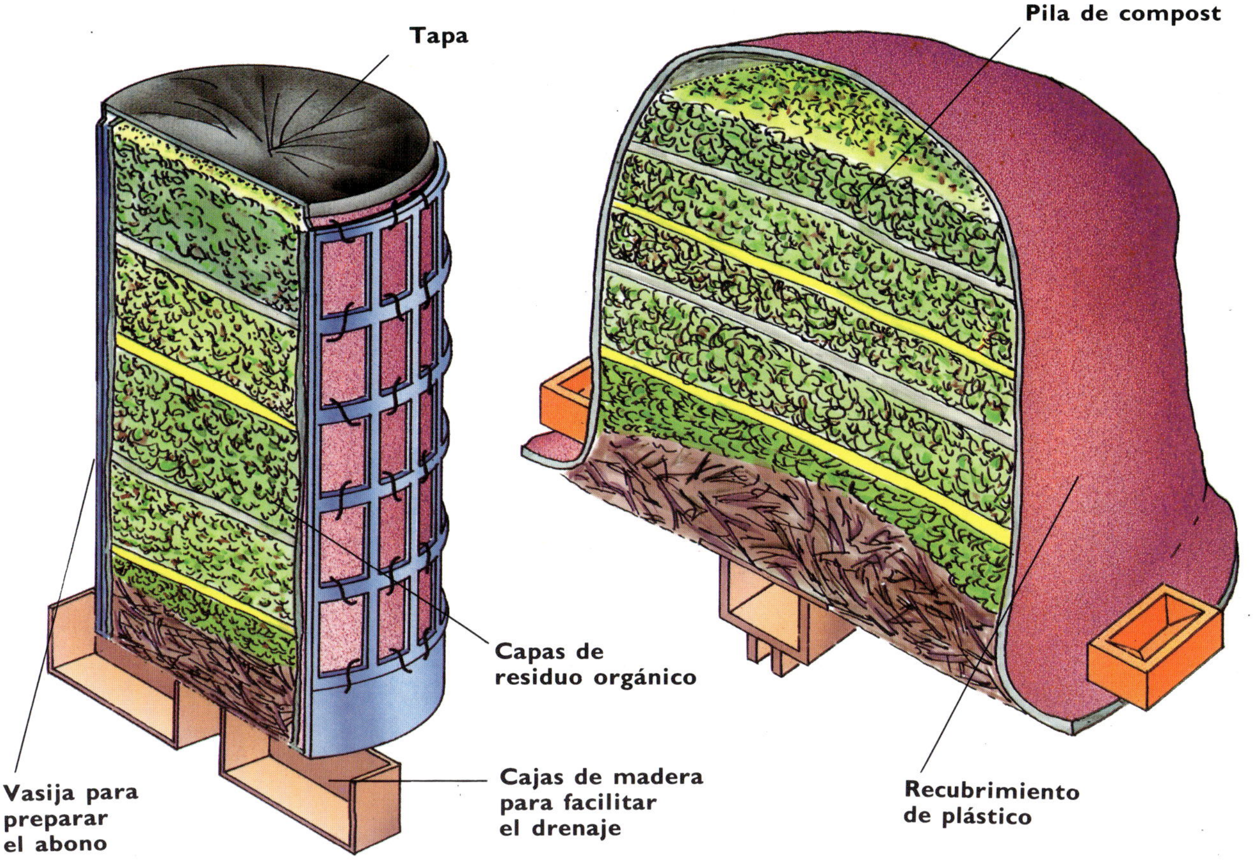

Tapa

Pila de compost

Capas de residuo orgánico

Vasija para preparar el abono

Cajas de madera para facilitar el drenaje

Recubrimiento de plástico

▶ Muchos granjeros de los países subdesarrollados, como éste de Indonesia, utilizan el compost y el estiércol. Un número creciente de agricultores del mundo desarrollado están volviendo a los métodos orgánicos tradicionales, debido a la preocupación existente por los efectos de los métodos de cultivo industriales sobre la calidad de los alimentos, el suelo y el agua.

LOS RESIDUOS INDUSTRIALES

La industria produce muchos más residuos que la gente en sus casas. Algunos residuos industriales son potencialmente peligrosos y hay que deshacerse de ellos con cuidado. Frecuentemente, las fábricas liberan gases nocivos que, a menos que sean debidamente controlados, pueden originar lluvia ácida y aumentar el **efecto invernadero.**

Los problemas que generan los residuos industriales pueden reducirse si se obliga a las fábricas a eliminar los residuos de las aguas antes de verterlas y a filtrar el humo. Una cuidadosa depuración de las aguas residuales reduce la contaminación y permite a la fábrica recuperar productos químicos.

En algunos países se han puesto en marcha programas de intercambio de residuos que permiten a las empresas comerciar con desechos que pueden resultar útiles a otras.

El problema de los residuos industriales tóxicos y peligrosos es grave en España, ya que se calcula que tres cuartas partes de estos residuos no se tratan adecuadamente.

▼ La industria está buscando continuamente nuevas formas de aprovechar los residuos. Un ejemplo de esto son las cenizas de las centrales eléctricas, que pueden transformarse en bloques de carbonilla.

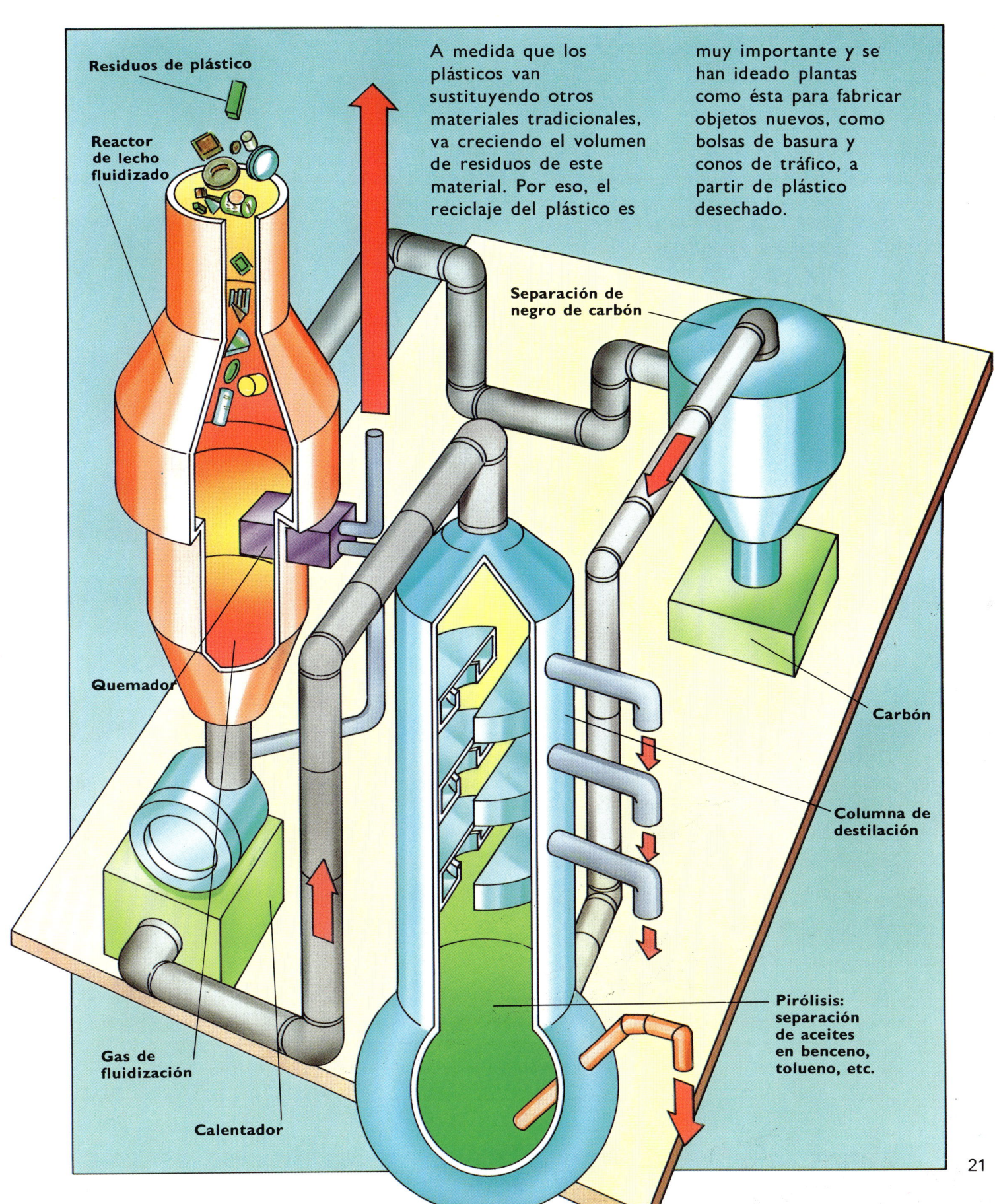

ENERGÍA Y RECICLAJE

Los residuos constituyen una fuente potencial de energía. Esta energía puede recuperarse si se queman las basuras en una planta incineradora, siempre que el calor producido se utilice para alimentar sistemas de calefacción o para generar electricidad. Es importante separar —antes de proceder a incinerar— los materiales valiosos, como el vidrio y los metales, para que puedan reciclarse. Los científicos estudian la forma de compactar los residuos en pastillas que puedan luego quemarse en calderas industriales. También se están realizando experimentos para obtener combustible a partir de residuos domésticos, sometiéndolos a presiones y temperaturas elevadas.

Hay un número creciente de sistemas de recuperación de recursos creados para quemar la basura doméstica y proporcionar calor y energía a una zona. En el mundo hay en funcionamiento unos 700 de estos sistemas. En Dinamarca se quema el 75% de las basuras domésticas, y el calor producido se utiliza para generar electricidad. Las plantas incineradoras, que son otro sistema de deshacernos de los residuos, tienen el inconveniente de ser caras y, además, el riesgo de que los gases generados en ellas puedan arrastrar contaminantes tales como las **dioxinas,** que son unos de los productos químicos obtenidos sintéticamente más tóxicos. Las dioxinas no se descomponen fácilmente en el suelo o en el agua, por lo que contaminan el terreno.

▼ El centro de control de esta planta incineradora, en Francia, vigila el proceso de combustión y controla el nivel de emisiones tóxicas. Se están construyendo plantas incineradoras para generar electricidad y proveer de calefacción a las viviendas de la zona. Sin embargo, no todas las plantas incineradoras tienen sistemas de recuperación de energía.

▲ Esta planta incineradora con recuperación de energía, en Puento Hills (California), produce energía eléctrica a partir del metano liberado por los residuos.

▶ Esta planta de **biogás**, típica de muchos de los países subdesarrollados, produce combustible a partir de residuos orgánicos en descomposición. En los Países Bajos y en Bélgica se utilizan grandes plantas de biogás destinadas a generar electricidad para toda una región.

EL RECICLAJE, HOY

Reciclar es importante, ya que ahorra recursos y disminuye la enorme cantidad de residuos que generamos. Pero, ante todo, hay que procurar no producir residuos innecesarios. Para ello, conviene pensar muy bien qué vamos a comprar y, además, no adquirir productos que lleven envoltorios superfluos. Es mucho mejor comprar, por ejemplo, zumos en botellas retornables que en envases de cartón desechables.

Tanto los muebles como otros objetos del hogar en buen estado, la ropa y otros artículos pueden entregarse a instituciones de caridad o a otras organizaciones que se encargan de venderlos; de esta manera seguirán siendo útiles. Muchos bienes de consumo, como frigoríficos y lavadoras, pueden repararse en lugar de desecharse.

Comprar objetos fabricados a partir de materiales reciclados es también eficaz, ya que ayuda a crear mercados para estos productos. También es conveniente comprar objetos fabricados para durar; a la larga, esto resulta más económico puesto que no hay que reemplazarlos tan a menudo y, sobre todo, se economizan recursos.

REUTILIZAR OBJETOS
Los recipientes de vidrio y plástico pueden reutilizarse para guardar cosas.

NO TIRAR LA ROPA
La ropa puede entregarse a instituciones de caridad.

◀ Cada vez es mayor la gama de productos reciclados disponibles. A menudo son menos costosos que los no reciclados.

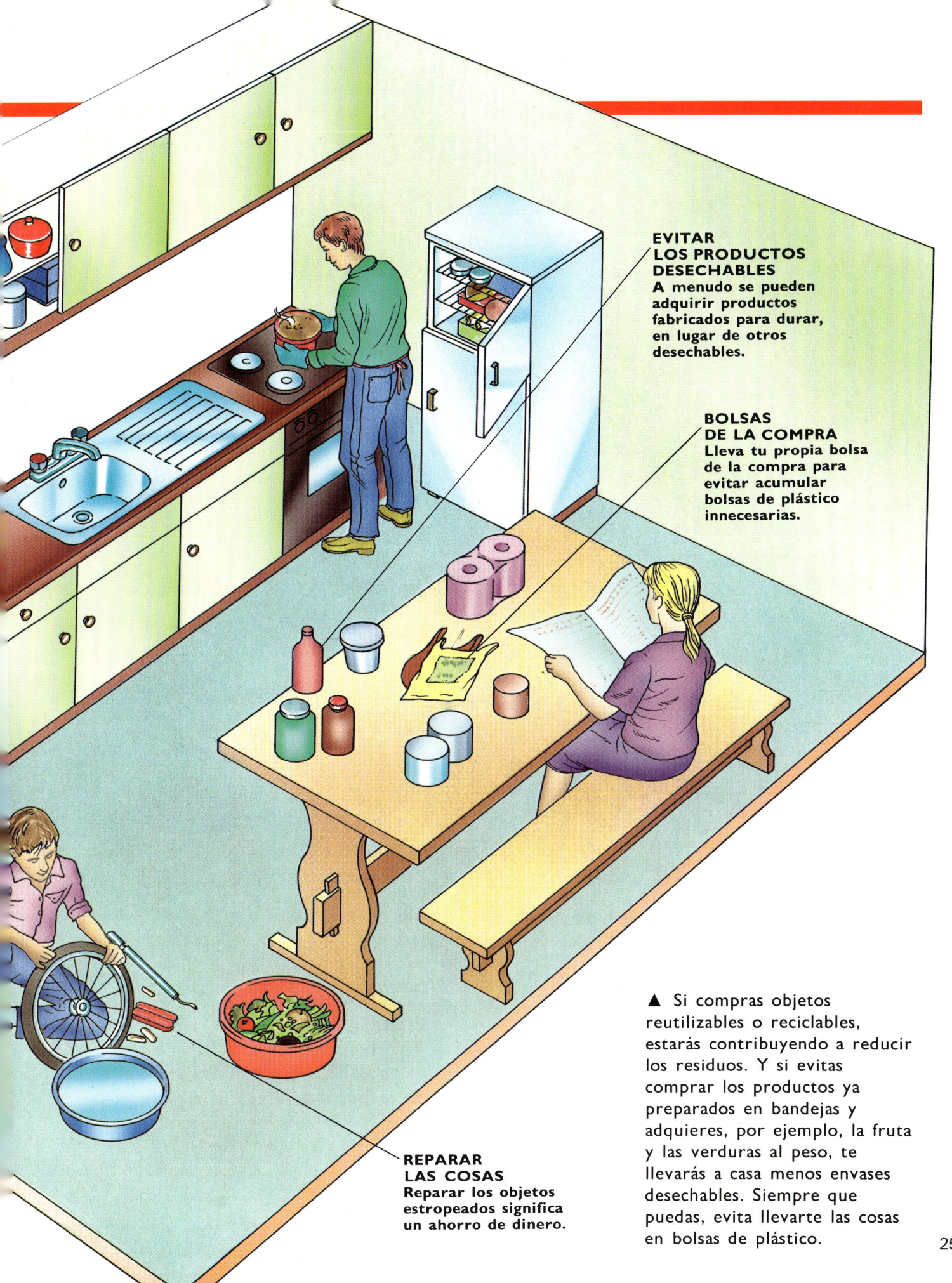

EVITAR LOS PRODUCTOS DESECHABLES
A menudo se pueden adquirir productos fabricados para durar, en lugar de otros desechables.

BOLSAS DE LA COMPRA
Lleva tu propia bolsa de la compra para evitar acumular bolsas de plástico innecesarias.

REPARAR LAS COSAS
Reparar los objetos estropeados significa un ahorro de dinero.

▲ Si compras objetos reutilizables o reciclables, estarás contribuyendo a reducir los residuos. Y si evitas comprar los productos ya preparados en bandejas y adquieres, por ejemplo, la fruta y las verduras al peso, te llevarás a casa menos envases desechables. Siempre que puedas, evita llevarte las cosas en bolsas de plástico.

¿QUÉ PUEDES HACER TÚ?

Contribuye, en la medida de tus posibilidades, a generar menos residuos y lleva a reciclar todo lo que puedas. Para ello, te sugerimos:

- Infórmate de las posibilidades de reciclaje existentes en tu localidad y utilízalas.
- Compra artículos fabricados a partir de productos reciclados.
- Reutiliza y repara todo lo que puedas.
- Emplea recipientes reutilizables.
- Lleva la ropa vieja a instituciones de caridad.
- Evita comprar productos desechables y envases innecesarios.

DIRECCIONES ÚTILES

Greenpeace España
C/ Rodríguez San Pedro, 58
28015 Madrid

Fundación Atis, fundación para el fomento de la conciencia ambiental
C/ Meléndez Valdés, 52
28015 Madrid

CEMA (Colectivo de Educación Medioambiental)
C/ Cervantes, 4 - principal, derecha
50006 Zaragoza

Ministerio de Obras Públicas y Urbanismo
Secretaría General de Medio Ambiente
Paseo de la Castellana, 67 - planta 4.ª
28071 Madrid

Centro de Apoyo para la Educación Ambiental
Dirección General de Medio Ambiente -
Departamento de Ordenación del Territorio, Vivienda y Medio Ambiente
Alhóndiga, 1 - 1.º
31002 Pamplona

Haz un mural

Es muy importante que la gente tome conciencia de los problemas que generan los residuos y cómo el reciclaje contribuye a solucionarlo. Una forma de divulgar esta información puede ser mediante un mural. Haz uno y cuélgalo en tu cuarto o en el colegio.

1. Piensa en un titular que llame la atención.

2. Realiza una ilustración que ponga de relieve lo importante que es reciclar. También puedes recortar fotografías de periódicos y revistas para hacer un *collage*.

3. Resume en cuatro o cinco líneas qué es el reciclaje y por qué es importante que todo el mundo recicle cosas.

4. Sugiere algunas cosas que se pueden hacer para que reciclemos, reparemos y reutilicemos cada vez más objetos.

5. También puedes incluir algunas direcciones útiles para obtener más información sobre el reciclaje, y tus propias sugerencias sobre cómo reducir los residuos.

FICHA DE SÍNTESIS 1

Coches reciclables

Volkswagen y BMW han investigado para producir coches que, al final de su vida útil, puedan ser desmontados para ser reciclados. La compañía Volkswagen garantiza la compra en Alemania de todos sus nuevos modelos Golf y está poniendo en marcha depósitos autorizados de coches viejos donde éstos se desmontan y los materiales reciclables, como los metales, los plásticos e incluso las tapicerías, se envían a las fábricas Volkswagen para producir piezas nuevas. Otros fabricantes parecen decididos a seguir este ejemplo.

Montaña de neumáticos

Millones de neumáticos usados de coches y camiones de la Comunidad Europea se desechan cada año. Aproximadamente la mitad de ellos se tiran o se abandonan en cualquier parte. Los neumáticos pueden recauchutarse y volver a utilizarse. El caucho puede trocearse y emplearse para fabricar nuevos productos o quemarse para proporcionar energía. También son reciclables el acero y el cinc de los neumáticos. A menudo los neumáticos se queman en los vertederos, lo que produce líquidos y gases venenosos.

PAÍS	VIDRIO (%)	LATAS DE ALUMINIO (%)	PAPEL Y CARTÓN (%)
Alemania	39	Insignificante	41
España	22	—	44
Francia	34	Insignificante	33
Italia	40	29	—
Noruega	6	80	21
Reino Unido	20,4	9,5	27
Suecia	22	82	40
Suiza	53	26	—

Índices actuales de reciclado

Aun en los países que más se esfuerzan por aumentar las actividades de reciclado, los índices son todavía relativamente bajos y se necesita hacer más para estimular a la gente a utilizar los sistemas de recogida existentes.

Pañales desechables

Los pañales desechables hacen la vida más cómoda a muchos padres, pero aumentan considerablemente la cantidad de desperdicios que tiramos y, puesto que contienen residuos humanos sin tratar, incrementan los riesgos de los vertederos de basura para la salud. En el Reino Unido se tiran al año 3.500 millones de pañales, lo que supone una cantidad equivalente a 80 toneladas cada hora. Hoy día se dispone de pañales lavables más cómodos, y en la mayoría de las ciudades de Estados Unidos hay un servicio a domicilio de lavado de pañales.

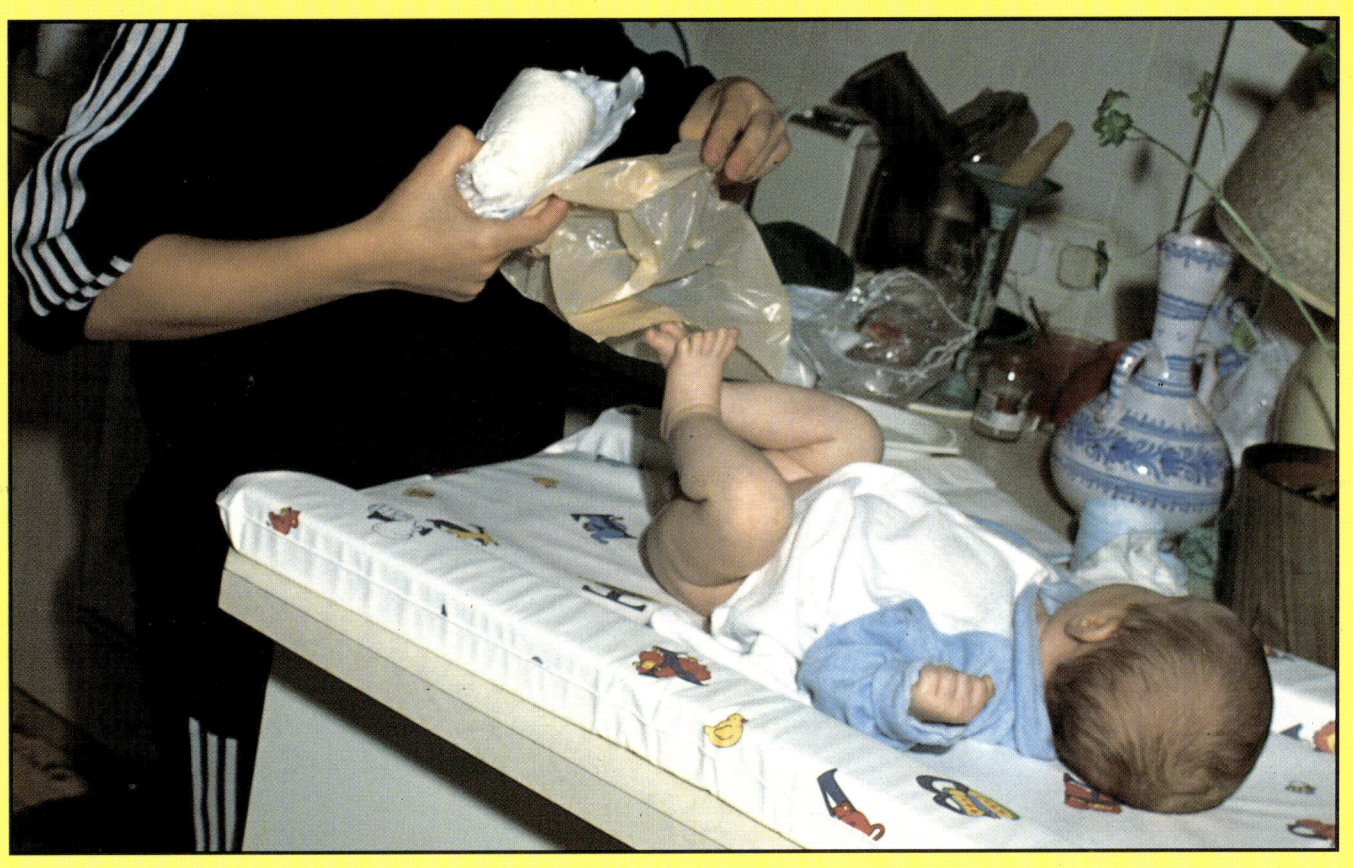

FICHA DE SÍNTESIS 2

Papel viejo procedente de oficinas

Se estima que cada empleado de oficina tira unos 2,4 kg de papel usado a la semana. El papel supone entre un 50% y un 80% de los residuos de una oficina. La mayor parte del papel utilizado en ellas es de buena calidad, así que es muy solicitado para fabricar papel reciclado, tanto para sobres y material de escritorio como para papel higiénico.
Resulta bastante sencillo establecer en las oficinas un sistema de recogida de papel usado, y las empresas han comprobado que esto les facilita deshacerse de gran parte de su basura. El papel reciclado de buena calidad ha alcanzado el nivel suficiente como para poder reemplazar el papel utilizado generalmente en las oficinas. Algunas empresas ya están empleando papel reciclado. Cuantas más empresas hagan esto, más provechoso resultará.

Productos etiquetados

Con objeto de que tenga éxito el reciclado, es preciso poner en práctica mejores sistemas de etiquetado de productos para que sepamos qué compramos y de qué está hecho. Sería conveniente que las latas de bebidas estuvieran etiquetadas de forma que indicaran si son de aluminio o de acero, para que no fuera necesario comprobarlo con un imán. Las botellas de plástico deberían indicar en la etiqueta de qué tipo de plástico están hechas, para facilitar su clasificación. Los productos fabricados con papel reciclado deberían indicar qué tipo y porcentaje de papel reciclado contienen. Ya existen sistemas de etiquetado medioambientales en algunos países europeos, como son el *ángel azul* y el *punto verde,* pero sería mucho más sencillo si se adoptara un sistema universal.